中国古代家庭教育

◎ 主编 金开诚

◎ 编著 王 燕

吉林出版集团有限责任公司

吉林文史出版社

图书在版编目（CIP）数据

中国古代家庭教育/王燕编著．一长春：吉林出
版集团有限责任公司，2011.4（2022.1 重印）
ISBN 978-7-5463-4960-2

Ⅰ．①中… Ⅱ．①王… Ⅲ．①家庭教育－中国－古代
Ⅳ．① G78

中国版本图书馆 CIP 数据核字（2011）第 053555 号

中国古代家庭教育

ZHONGGUO GUDAI JIATING JIAOYU

主编/ 金开诚 编著/王 燕

项目负责/崔博华 责任编辑/崔博华 高原媛

责任校对/高原媛 装帧设计/柳甬泽 徐 研

出版发行/吉林文史出版社 吉林出版集团有限责任公司

地址/长春市人民大街4646号 邮编/130021

电话/0431-86037503 传真/0431-86037589

印刷/三河市金兆印刷装订有限公司

版次/2011年4月第1版 2022年1月第5次印刷

开本/640mm×920mm 1/16

印张/9 字数/30千

书号/ISBN 978-7-5463-4960-2

定价/34.80元

关于《中国文化知识读本》

　　文化是一种社会现象，是人类物质文明和精神文明有机融合的产物；同时又是一种历史现象，是社会的历史沉积。当今世界，随着经济全球化进程的加快，人们也越来越重视本民族的文化。我们只有加强对本民族文化的继承和创新，才能更好地弘扬民族精神，增强民族凝聚力。历史经验告诉我们，任何一个民族要想屹立于世界民族之林，必须具有自尊、自信、自强的民族意识。文化是维系一个民族生存和发展的强大动力。一个民族的存在依赖文化，文化的解体就是一个民族的消亡。

　　随着我国综合国力的日益强大，广大民众对重塑民族自尊心和自豪感的愿望日益迫切。作为民族大家庭中的一员，将源远流长、博大精深的中国文化继承并传播给广大群众，特别是青年一代，是我们出版人义不容辞的责任。

　　《中国文化知识读本》是由吉林出版集团有限责任公司和吉林文史出版社组织国内知名专家学者编写的一套旨在传播中华五千年优秀传统文化，提高全民文化修养的大型知识读本。该书在深入挖掘和整理中华优秀传统文化成果的同时，结合社会发展，注入了时代精神。书中优美生动的文字、简明通俗的语言、图文并茂的形式，把中国文化中的物态文化、制度文化、行为文化、精神文化等知识要点全面展示给读者。点点滴滴的文化知识仿佛繁星，组成了灿烂辉煌的中国文化的天穹。

　　希望本书能为弘扬中华五千年优秀传统文化、增强各民族团结、构建社会主义和谐社会尽一份绵薄之力，也坚信我们的中华民族一定能够早日实现伟大复兴！

目录

一、教育子女宜早

对孩子进行早期教育，这在我国是有着悠久历史传统的。在古代家庭教育中，就存在着对孩子进行早期教育这种教育观念，古代家庭里的长辈认为，"望"不如"教"，所以主张及早对孩子实施教育。

为什么要对孩子进行早期教育呢？北齐时期的学者颜之推说："人生幼小，精神专利，长成之后，思想散逸。"意思是说，人在小的时候受教育有利于培养他们的性格，长大以后，他们的思想散漫了，不容易形成好的品格。因此，对他们要"固须早教，勿失机也"，也就是要进行早期教育。这位颜老先生的话不是随便说的，而是从切身经历中总结出的。他出生于东晋官宦世家，家庭教育本来是很严的，可由于早年丧父，只得靠哥哥抚养。他的哥哥有爱弟之心，但缺少教育之法，以至于颜之推在少年的时候，受到社会上不良习气的熏染，滋长了不少坏毛病。到了十八九岁，他才渐渐觉悟，深深感到自己的坏习气是从小缺乏良好家庭教育造成的。颜之推回顾了自己的成长历程，觉得孔夫子讲的"少成若天性，习惯如自然"是很有道理的，明确了教育子女必须从小抓起，早教比晚教效果好。为此，他写了一本二十卷的《颜氏家训》用以教育子女。

颜之推的这种早期教育观点，为后代许多著名学者所推崇和发展。北宋中

期的程颐提出了"以豫为先"的原则，主张在孩子幼小的时候，就通过严格的家庭教育来为以后的成长奠定良好的基础。宋代的另一位教育家张载认为，要想教育好孩子，必须从婴儿抓起。南宋时期的朱熹也主张早期教育，他说："必使讲而习之幼稚之时，欲其习与智长，化与心成，而无扞格不胜之患。"用我们现在的话来说，就是对孩子务必从小教育，否则，当他长大成人，养成了坏的习性后，就难以改变了。

那么，早期教育早到什么程度呢？大多数人主张适时而教，"适时"，《学记》上的解释是"当其可之谓时"。就是说，当儿童进入略有所知的时期开始进行教育和训练。颜之推认为，从孩子生下来后，到能认人辨物，会看人脸色，懂喜怒哀乐的表情，就要开始有意识的教育。《礼记·内则篇》上说，"子能食食，教以右手，能言，男唯女俞"，"六年教之数与

方名"。意思是孩子会吃饭时教他用右手拿筷子等餐具，会说话时，男孩要教他发雄壮有力的直声，女孩则教她发温柔婉转的语声，6岁的时候，要给孩子教数数和方位的名称。看来，他们都倾向于从孩子会吃东西和牙牙学语的时候开始进行教育。事实上，历史上许多有名望、有影响的人物，其成就往往与其小时候所受到的家庭教育是分不开的。北宋时期的欧阳修，4岁时父亲就去世了，家境贫寒，生活难以维持，更谈不上进学堂了。

他的母亲郑氏，是个有学识的妇人，立志守节，当自己儿子的老师。没钱买纸笔，她便折来柴棒，在地上画字，让儿子跟着学。这便是后人说的"欧母画荻"的故事。欧阳修当了官以后，很有作为，其重要的原因就是母亲对他的教育抓得早。

当然，强调早期教育，并不是说不考虑儿童的心理、体质、特性，一味教训，促其早成。这样，就等于拔苗助长，欲速则不达。古人认为对孩子的教育，特别是智力教育，起步要早，但应该循序渐进，由浅入深，持之以恒，而不能操之过急，急于求成。明代教育家王守仁认为孩子幼小时性格活泼好动，不能管得太死，就像刚萌芽的小树苗和花草一样，不受压制和阻挠才生长得快。因此，教育孩子只能从儿童的性格特点出发，启发兴趣，因势利导，而不能强制。

清代乾隆年间的钟令嘉，就很会对孩子进行早期教育。这位

出身于南昌一个书香之家的女性，18岁时嫁给一个叫蒋坚的读书人，两年之后生了一个儿子，取名叫蒋士铨。蒋坚是个仗义疏财、挥金如土的人，不几年便把家产折腾了个精光。没办法，他到山西、河北一带谋生计，将钟氏母子寄食到老丈人家中。蒋士铨开始牙牙学语时，他的母亲就开始对他进行简单的形象教育，教儿子辨别物体的大小多少。4岁时教给他"四书"中的句子。孩子小，不会握笔写字，她便想了个绝妙的办法，把竹子用刀削成细条，做成一撇、一点、一捺、一横等形状，然后用它们组合成各种字，她抱着儿子在膝上辨认，一个字认会了，便拆开，再组合成另一个字，每天教认十个字。到了第二天，让孩子自己学着用竹条组合第一天教的字，直到会组合能认识才算数。孩子长到6岁时，她便改变了这种教法，让他自己用笔书写。

当时，蒋士铨的外祖父家经历了大

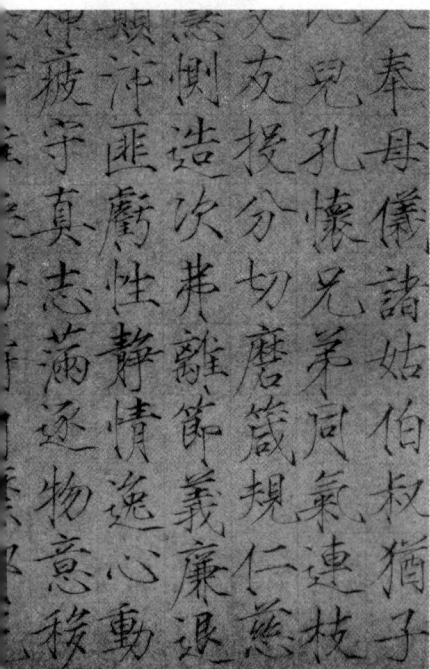

灾荒，生活艰难，钟氏便自己纺线织布，给儿子及家里的用人做衣服。同时还做一些刺绣品，让人拿到街上去卖，换钱买纸笔和生活用品。她白天纺线时，把书放在膝盖上，让儿子坐在膝边读书。她一边手摇纺线，一边读句子、文章，纺车的嗡嗡声和儿子琅琅的读书声交织在一起。蒋士铨长到9岁时，钟氏又开始教给他《礼记》《周易》《毛诗》等儒家经典以及唐宋诗词。后来她累病了，蒋士铨边煎药边问母亲："妈妈，怎样才能为你解

忧呢？"她回答："儿子能不能将所学的书背诵给娘听啊？"蒋士铨说："可以。"于是，他便背了起来。钟氏开心地笑了，说："我觉得病减轻了许多！"就这样，蒋士铨在10岁时，已博古通今，22岁中举。可作为母亲的钟氏却没有放松对儿子的教育。在蒋士铨成家后，还训诫他"以勤为习，不能荒于嬉"，并经常对儿子讲待人处事要刚正不阿、清廉公正的道理，看到儿子有一点小毛病也不放过。她的姐姐曾为此问道："妹妹啊，你就这么一个儿子，为何督促得那么紧，管得这么严呢？"她说："正因为只有这么一个，才越要教其成器，要不，长大怎么能走上正道呢？"蒋士铨不负母教，于乾隆二十二年中进士，入翰林，任编修之职，后成为清代有名的文学家，诗、词、文章都很有名，与当时的袁枚、赵冀并称"江右三大家"。

这位以"鸣机夜课"教育儿子出名的钟夫人，用现在的眼光看，固然没有摆脱"读书做官"的封建传统观念，但就从教育子女的角度看，至少有几点值得肯定：一是抓得早；二是方法对，针对幼儿特点，循序渐进，由浅入深；三是持之以恒，从不间断，一抓到底。

二、严是爱，宠是害

在家庭中对孩子进行教育，既要尽早开始，又要从严要求。"严是爱，宠是害"，这是人们在长期的社会生活中总结出来的一条宝贵经验。对孩子进行严格的教育其实也是爱孩子的一种方式，对孩子严格是为了孩子的前途着想，而宠爱孩子往往会耽误孩子的前程。

以严为爱，就是要对孩子严格要求，严加管教，促使其奋发图强，使孩子有一

个美好的前途，成为一个成功的人，这是对孩子的爱。反过来，对孩子娇生惯养，百依百顺，任其所为，这就是所谓的溺爱。过分的宠爱孩子就是对孩子的爱变了质，并不是真正的爱孩子，溺爱孩子的结果往往是葬送了孩子的未来。

"溺"有过分和淹没的意思。过分地宠爱娇惯子女，就等于淹没子女。对此，古人有许多至理名言。《三字经》上讲："养不教，父之过，教不严，师之惰。"荀子说："君子之于子，爱之而勿面，使之而勿貌，导之以道而勿强。"这里的"面"即"湎"，就是对子女不能溺爱。颜之推讲得更具体。他说："父母威严而有慈，则子女畏惧而生孝矣。吾见世间，无教而有爱，每不能然；饮食运为，恣其所欲，宜诫反奖。"这些话的意思概括起来，就是说父母对子女既要慈爱，又要威严，不能因疼爱而放松教育。如果在衣食住行方面都一味顺着孩子，如该制止的不制止，应批评的不批评，必养成大恶。看起来是爱，实际上是害。

这种说法是有根据的。纵观历史，凡是被过分宠爱的孩子，十之八九是不能成器的。《左传·哀公六年》上提到"孺子牛"的故事，说的是齐景公十分宠爱他的小儿子荼，成天守在儿子旁边，拣最好的食物给他吃，挑最好的衣服给他穿，生怕风吹着，人吓着。为了讨荼的欢心，齐景公双手撑地，装成一头牛，口里叼着绳子，让儿子拉着他满地爬。突然荼被绊了

一跤，猛地一牵动绳子，把当"牛"的父亲的牙齿拉掉了好几颗。荼在父亲的百般娇纵下，什么本事也没有，光会吃喝玩乐。齐景公临死前，准备立荼为太子，继承王位。可是大臣们都不同意，荼的几个哥哥更是耿耿于怀。等齐景公一死，大臣便串通荼的哥哥阳生发动了政变，把齐景公的这个宝贝儿子给杀掉了。

在历史上，类似这样因宠子而招致

失败、酿成悲剧的事例不少。三国时的荆州牧刘表，有两个儿子，一个成天疑虑猜忌，只求保身之道，无心习文练武，成为无能之徒；一个自恃有宠，专横跋扈，沉迷于声色犬马之中，成为草包饭桶。刘表死后，刘琮继承他的职位，曹操率兵一到，立即举州投降。他正如曹操所嘲讽的那样："如同豚犬耳！"和刘表父子同一时代的袁绍也吃了"宠子"的亏。袁绍当时在北方算得上是赫赫有名的一霸，占据着冀州、青州、幽州、并州四州之地，实力雄厚。可是官渡之战中，却以十万大军败在仅仅有两万人马的曹操之手。袁绍大败，除了政治上的原因和战略上的错误之外，还有一个原因就是他溺爱儿子达到了不顾大局、贻误军机的程度。官渡之战前夕，正当曹操积极进行对袁作战的准备时，在徐州突然发生了刘备联袁反曹的事件。曹操为了避免两面受敌，便只留少部分军队驻守官渡，自己亲

率大军东进，攻打刘备。这时袁绍手下的谋士们建议袁绍抓住这个有利时机，乘机袭击曹操后方，可袁绍却因为自己的爱子正在生病，留在家里守候，不肯出兵，将近一个月的时间，眼睁睁看着曹操打败刘备后重返官渡。儿子的病虽然好了，可良好的战机却白白失掉了。官渡之战失败后，袁绍仍有一定的实力，如果袁军内部同心协力的话，还可以和曹操相抗衡，等待时机反攻。可悲的是，袁绍集团不是将帅争兵夺权，就是父子兄弟之间各自树党，相互倾轧。袁绍的异母弟袁术"与绍有隙……兄弟携贰，舍近交远"。其根

源也是由于袁绍过分宠信小儿子袁尚。本来按照封建制度的惯例，应立长子为嗣，接替职位，可袁绍却听从他的后妻刘氏的话，打算废长立幼，让大儿子袁谭和二儿子袁熙领兵驻守外地，把袁尚留在身边，百依百顺地宠爱着。袁绍一死，袁尚自立为主，袁谭不服气，兄弟为争位大动干戈，后来发展到袁谭向曹操投降，借兵对付袁尚。曹操借此机会，利用袁氏兄弟的矛盾，采取各个击破的办法，把袁谭、袁尚一个一个地消灭了。

历史上一些在政治舞台上很有影响和声誉的人物，在家庭教育方面，却是个失败者。原因主要是对子女过分宠信和溺爱。过分地宠爱孩子，最终使孩子走上错误的道路。明代中期名臣杨士奇，才能卓越，名噪朝野。史官们称他"玉质金相，通达国体"，"保身济主，有大

雅之明哲号"。可他的儿子杨稷，却是个恶贯满盈的花花太岁，最后被依法处斩。杨稷走上犯罪之路，与杨士奇的宠爱有直接关系。杨稷小时候，娇生惯养，长大之后，横行乡里，为非作歹，欺压百姓，草菅人命。不但受害的老百姓接连告状，就连朝廷中的一些官员也实在看不下去了。有的将情况上报给身为少傅的杨士奇，请他对儿子严加管教。可杨士奇舐犊情深，总不相信别人的话，反而把那些官员给他的信拿给儿子看。杨稷一看，怒火中烧，反咬一口，说这些官员都是诬陷他。杨士奇相信儿子说的话，并任由他恣意妄为。这样一来，杨稷更加有恃无恐，横行霸道。有人把情况报告给了皇帝，皇帝问杨士奇，他回答说："我儿子是好的，主要是他手下的人教他干坏事。"并且还一味袒护。直到杨稷发展到残害"人命已数十，恶不可言"时，"朝廷不得已，付之法司"。杨士奇也因此积忧成疾，卧床不起。史书评论说，杨士奇本来是个位高权重，很有本事的人，可是"晚间溺爱其子，莫知其恶，最为败德事"。

宠爱子女的父母，总想着孩子长大了会"知恩图报""待父母以孝敬"。实际上却不是这样。对孩子小时候不从

严管教，教其走正路，长大以后往往出"逆子"。对孩子从小溺爱，子女长大以后不但不会对父母知恩图报，还有可能会对父母长辈不敬、不孝、不仁、不义。历史上"杀父弑君"一类的事，不少都是小时候受到娇生惯养的贵族公子少爷干的。北宋宣和年间的权臣蔡京，对他的儿子蔡攸十分宠爱并一味放纵。蔡攸长大后凭借老子的权势，当了开封府的官，深得宋徽宗的赏识。他为与自己的父亲在皇帝面前争宠，竟自立门户，明争暗斗。一天蔡攸回到家，见蔡京正与客人谈话，便过去握住他父亲的手像诊脉一样，问道："大人，你的脉势舒缓，身体是不是有病？该退职养老了吧！"蔡京回答道："我没有病，你别急！"蔡攸走后，来客问："刚才你儿子这样做是什么意思？"蔡京气愤地回答道："你哪里知道，他是想让我早点退休回家呢。"之后，父子俩只要有机会，就都在皇帝面前说对方的

坏话，互相拆台，被世人嘲笑为一对父子冤家。

"严是爱，宠是害"，凡是懂得这个道理的人，一般都对子女有个正确的态度和严格的家庭教育。但是对孩子严格并不等于要打孩子，对孩子实行体罚。我们虽不赞成对孩子娇惯溺爱，但也不提倡实行"棍棒政策"。爱要爱得在理，严要严得有方。不但我们现在不提倡体罚孩子，就在古代，也有的父母意识到不应该对孩子实行"棍棒政策"。那么古人有没有在这一方面堪称典范的呢？清朝的郑板桥算得上是一个。

郑板桥是清朝时期人，是"康熙秀才""雍正举人""乾隆进士"，曾任山东范县、潍县的县令，又是书画家、文学家。他52岁才得一子，应该说是"富贵人家"的宝贝疙瘩了。可是郑板桥对这个宝贝儿子并不娇惯，他另有一番"爱子之道"。这可以从他在潍县做知县时给家

弟的两封信中看出来："吾五十二岁得一子，岂有不爱之理！然爱之必以其道……家人儿女，总是天地间一般人，当一般爱惜，不可使吾儿凌虐他人。凡鱼餐果饼，宜均分散给他，大家欢喜跳跃。若吾儿坐食好物，另家人子远立而望，不得一沾唇齿；其父母见而怜之，无可如何，呼之使去，岂非割心剜肉乎！夫读书中举进士得官，此是小事，第一要明理做个好人。可将此书读与郭嫂，饶嫂听，使二夫人知爱子之道在此不在彼也。"

在另一封家书中，郑板桥用耳闻目睹的事实，阐明了为什么在溺爱中成长的富贵人家的子弟，大都是庸庸碌碌、无所作为，"而立学有成者，多处于附从贫贱之家"，这一"富贵足以愚人，而贫贱足以立志"的道理，进而教育自己的孩子不要妄自尊大，而要用平等的态度对待他人。

从郑板桥的这两封家书中不难看出，

郑板桥的爱子之道有几个鲜明的特点：一是目的明确，把教子"明理做个好人"放在第一位，培养孩子从小要有热爱劳动人民、同情劳动人民的品质，而把"读书中举进士做官"看成小事。这一点是一般的封建士大夫难以做到的。二是严而有方，针对富贵人家子弟一般轻浮贪玩，看不起劳动人民、有盲目的优越感等通病，具体地给孩子们指出为什么对别人家的儿女不能凌虐的道理，怎样正确地对待家中佣人儿女、同学、老师及贫家的儿女。这样一来，就把严格要求和耐心说服教育有机地结合起来了，既不同于溺爱，又不同于压服似的严教。这种爱子之道是很值得我们今天当父母的仿效和借鉴的。

三、言传和身教

父母是孩子的第一任老师，即启蒙老师，父母的一言一行对于孩子来说，是非常重要的，因为孩子从一出生就在照着父母的样子做，跟着父母的样子学习，一直在模仿父母。所以说父母的样子就是孩子的典范，俗话说"有其父必有其子，有其母必有其女"，虽然这种说法有一定的片面性，但是不无道理。

父母教育子女，无非是两个方面：一

是讲道理，传授知识，进行说教。二是以身作则，以行示教，让孩子照着做。这就是我们通常讲的言教和身教。

父母和子女的血缘关系和共同生活的情感，往往使子女依从父母，听父母所言，依照父母的行为做事。特别是孩子小的时候，父母的一言一行，思想意识，生活习惯都会在孩子心灵上打下深深的烙印，起着耳濡目染、潜移默化的作用。古人在家庭教育的过程中，也注意到了这些特点。颜之推说："人在少年，神情未定。所与款狎，重渍陶然，言笑举对，无心与学，潜移暗化，自然似之。"为什么会这样呢？颜之推认为，父母和子女，既有血亲关系，父母在子女面前又有一定的权威，他们的教育作用，是其他人所难以取代的，就连老师和圣人讲的道理，有时也不如父母在孩子面前讲的话灵验。因此，父母教育孩子既要注意言教，动之以情，晓之以理，更要注意身教，以身作则，以行示教。

古代一些名人很强调"身教为贵"，把"以身示教"作为教育后代的上策。孔子讲："其身正，不令而行；其身不正，虽令不行。"为此，史书上记载了许多以身示教的范例。《韩非子·外储说左上》记载的"曾子杀猪"的故事就一直流传至今。话说春秋时孔子的学生曾参，为人

正直, 有一天, 曾子的妻子要上街, 孩子哭闹着要跟着去, 曾妻说: "好孩子, 你别哭, 在家等着, 妈妈回来给你杀猪炒肉吃。" 孩子被哄住了。等她上街回来, 曾子就要去杀猪。他的妻子一看慌了, 说: "我是跟孩子说着玩的, 只要他不哭就行了, 你怎么当真动刀啊!" 曾子说: "孩子是不能欺骗的, 他还小, 无论做什么事都照父母的样子做, 听父母的教训。你今天说的话不算数, 骗了他, 就等于教他讲假话和骗人。再说, 今天要是这样骗了他, 以后孩子就不会相信大人的话了, 再教育就困难了。" 曾子说服了他的妻子, 把猪杀掉了, 给孩子做出了说话算话、言而有信的榜样。不过, 父母对子女的 "言而有信" 一定要注意做到 "言而有分寸" "言而有主见", 而不能在孩子面前信口开

河，随意许愿。曾参的妻子因随意许愿而失了一口猪的教训，也是值得吸取的。

历史上也有因为自己坏的行为习惯而给孩子做了坏的榜样的例子。明朝嘉靖年间的大学士、宰相严嵩，就是以恶行教子的例子。相传，严嵩"以诗古文词，颇著清誉"，很有名望，可他的为人却同他读的圣贤书完全相反。《明史·严嵩传》记载说："严嵩窃政二十年，溺信恶子，流毒天下，人咸指目为奸臣。"父行子效，上梁不正下梁歪。严嵩父子贪得无厌，凡是文武官员的升迁，都根据贿赂的多少来裁定，后来没收严家家产时，发现严嵩和他的儿子严世蕃历年收的贿赂有黄金三十万两，白银二百万两，其他珍宝财物无数。严嵩的养子赵文华、长孙严效忠等后代也都学严嵩的样子，成为一群为非作歹、横行霸道、欺压百姓的恶棍。人说："有其父必有其子。"这话虽然有点绝对化了，

但不能说没有道理和根据。所以说父母对孩子的影响是非常大的，父母的坏行为能直接导致孩子的坏行为，孩子在行为上犯错误最主要的原因就是受到父母坏的影响。

为人父母不能以身正己，招致杀身之祸的也有。五代时，梁主朱晃（即先前跟着黄巢起义，后叛变投唐的那个朱温）是个专横跋扈、荒淫无度的酒色之徒。他在建立后梁称帝后，本来已有不少妃子，可还趁几个儿子在外，常把儿媳妇招进宫中玩弄。他的三儿子朱友文的妻子王氏，长得美貌妖娆，他特别宠爱，成天在一起鬼混，并准备立朱友文为太子。他的另一个儿子朱友珪的妻子张氏知道这个消息后，便写信告知在外的丈夫。朱友珪和统军合谋，连夜带兵赶进京城，杀进后宫，骂他父亲是个不知廉耻的老贼，命人用刀杀之。朱友珪杀父，固然是统治阶级内部争权夺位激化的结果，但朱晃本身

"上梁不正"，恐怕也是一个因素。

正反两方面的事例都说明，父母教育子女，以身作则，用良好的思想修养、品德操行去陶冶和影响后代，把子女教育好，这是父母不可推卸的责任。

强调身教重于言教，并不等于说有了身教就可以忽视言教。言教和身教同等重要，语言协同行为的教育方式会收到意想不到的效果。所以说言教和身教两者相辅相成，不可偏废。在历史上，就有因忽视言教、放松管理、致使子女不成器的例子。据《晋书·列传第十一》记载：太尉刘实，小时候家里贫穷，他很刻苦勤奋，一边劳动一边读书，成为"博古通今"的学者。当了官以后，仍然不忘本，保持艰苦朴素的本色，不为自己修建房屋、添置田产，廉洁正派，奉公守法，被称为"清身洁

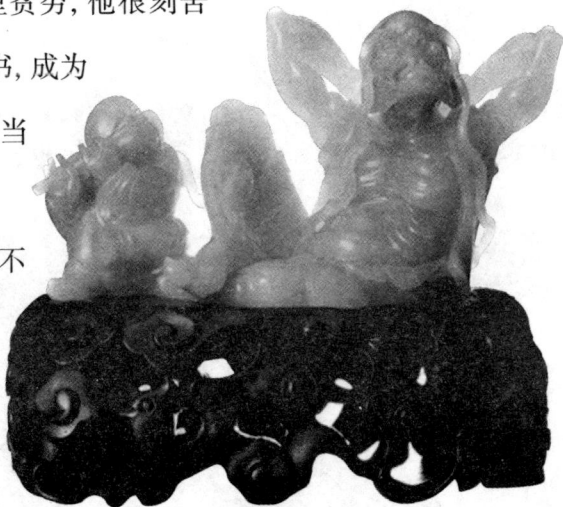

己，行无瑕疵"的好官。可他的儿子刘夏却生性放荡、喜欢挥霍，一次又一次地贪污受贿，受到法律的制裁，刘实也因此而两次被株连罢官。有人问刘实："您老人家一世清白，品德高尚，到了儿子们这一代，却成为罪犯。你为什么不经常开导教诲儿子，讲讲为人的道理，使他们学好，知错就改，重新做人呢？"这话本来问得有情有理，可刘实却是另一种观点，回答说："我的为人处事，儿子们不是看不见，他们不照着学，有什么办法，靠讲道理有

什么用处呢!"看来这位刘太尉失策就在于以身教代替了言教, 没有把身教和言教结合起来。

言传身教, 这句成语对于教育子女来说, 的确是成功的经验之谈。在教育子女时, 善于把言教和身教结合起来的人, 历史上也是有的。如明太祖朱元璋, 他有二十六个儿子、十六个女儿, 尽管到后来有成器的, 也有无所作为的, 但作为父

亲的朱元璋，为教育子女确实是煞费苦心的。他以身示范，处处注意为儿女们做好榜样。对太子，一方面让他跟着自己实习，学习处理国事政务的本领，一方面经常以理开导。他对太子说："从古开基创业的君主，历经艰难，通达人情，明白世故，办事就比较稳妥。守业的君主，生长于荣华富贵的环境中，平时再不学习，就容易出毛病。我之所以带着你跟大臣们见面，听取和批阅各衙门来的公文，就是为了使你学会管理国家。作为一国之主，要记住和掌握好这么几个字：一是仁，能仁才不会失于疏暴；一是明，能明才不会轻易地听信谗言；一是勤，勤勤恳恳才不会沉醉于安乐中失节误国；一是端，处事果断才不会贻误时机。"又说："我从当皇帝以来，从没有偷过懒，总是不等天亮就起来，到半夜才休息，这是你们天天看得见的。你能照我的样子办，就可以保住天下。"

为了替子孙后代做长远打算，朱元璋还把自己治国安民的经验教训进行了比较系统的回顾总结，于洪武二十八年（1395年）九月，写成《祖训》，立为家规家法，开导子孙，诫勉后代。

对子女进行言传和身教的这种教育方法，直到今天在家庭教育中仍占有很重要的地位，并且是教育子女的重要方式，如果把两者结合好，就有希望把孩子教育成功。

四、择善而从

对人的成长进步和发展前途起决定作用的是本身的内在因素、主观努力,但客观条件和所生活的环境也是十分重要的。也就是说,遗传因素对于一个人的性格、气质起着基本的作用,但是周围的环境以及对其实施的教育却起着主要的作用,所谓"择善而从"指的就是为孩子选择一个良好的环境,交正确的朋友,选择好的老师;就是为孩子选择好的方面,选

择有利于孩子发展的方面。

《荀子·劝学》中说："蓬生麻中，不扶则直，白沙在泥，与之皆黑。"《晏子春秋·内篇·杂下》中记载着这样一个故事：齐国的大夫晏婴出使楚国，楚王设宴招待，席间，两名武士押着一个犯人进来，说是"齐国人，盗贼"。楚王以此挖苦晏婴，说你们齐国出盗贼。晏婴回答说："橘生淮南则为橘，生于淮北则为枳，叶徒相似，其实味不同，所以然者何？水土异也。今民生于齐则不盗，入楚则盗，得无楚之水土，使民善盗耶？"意思讲得很明白，同样的一棵橘树，因为生长在不同气候和水土的地方，就结出不同的果实，同样一个人在我们齐国是好人，到了你们楚国却成了盗贼，恐怕也是你们这里的社会风气有问题吧。墨子也讲过类似的道理，他以染丝打比方，"染于苍则苍，染于黄则黄，所入者变，其色亦变"。这些观点虽然带有片面性，但还是有一定道

理的，而且为许多事实所证明。司马迁能
够写出我国历史上第一部纪传体通史，
固然是靠他的勤学苦钻精神和独特的才
华智慧，可也不能忽视他所处的客观环
境。一是他有个具有丰富史学知识，曾任
太史令的父亲司马谈；二是他本人后来
也身为史官，有接触大量史料的方便条
件。在历史上，类似的"史学世家""父子
科学家""祖孙三代文人"等情况还是不
少的，都可以说明环境和教育对人的影
响。尤其是人在孩童时代，心地纯洁，接
受能力强，判断能力弱，最富于模仿性，
"往往跟上好人学好人，跟上巫婆学跳
神"。小孩就好比一张白纸，能画上最美
的图画，也容易染上污秽的颜色。正因为
如此，古代一些有远见卓识的人为了使孩
子受到较好的教育，除言传身教外，还十
分强调"择善而从"，注意为子女选择和
创造一个良好的生活环境。

择善而从的一个方面是"择邻而

处"，注意为孩子选择能够接受良好教育的住所。环境对于一个孩子的成功与否是起着至关重要的作用的，所以为孩子选择一个良好的住所也就至关重要了。

孟子讲："逸居而无教，则近于禽兽。"这大概是从他母亲那里继承来的观点。"孟母三迁"的故事说的就是环境对人的影响及其重要性。生于战国时鲁国邹（今山东邹县）的孟轲，是继大教育家孔子之后最有影响的儒学大师，历来被人们尊为"亚圣"。他继承和发展了孔子创立的儒家学说，和孔子合称为"孔孟之道"。孔孟之道，在中国封建社会被统治阶级尊奉为统治思想，孔孟的地位是非常高的。

孟子是鲁国贵族孟孙氏的后代。虽然他出身贵族，但实际上他少年时代家境贫寒，并没有享受到贵族子弟那种衣来伸手饭来张口的特权生活，孟子的父亲死得很早，其抚养和教育完全依靠他的母亲，孟母是一位勤劳而善于教育孩子的母亲，她在中国教育史上享有盛誉，尤其是"孟母三迁"的故事更是尽人皆知。起初，这母子俩的居舍在墓地旁边。孟子自幼是个天性活泼的孩子，喜欢玩游戏，每天在坟墓之间的土地里学筑土坟。孟母意识到这里不是让孩子待的地方，于是把家迁到了集市旁边，她以为人多热闹的地方可以使孩子见闻丰富，学到做人的本领。哪曾想到，小孩天生爱模仿大人的行为，孟子尽管不再玩筑坟游戏，却学着买卖人拉腔拉调地吆喝，活像一个小商贩。孟母很不满意，认为这里也不是教育儿子的地方，于是又把家迁到了学校旁边。从此以后，孟子的游戏改为模仿学校的师生，学习礼仪，对礼乐活动产生了兴趣。由于孟母注意环境对孩子教育的影响，主动选择居处，乃至三次搬迁住所，最后孟子养成了好学的好习惯，长成之后学六艺，好儒术，成为伟大的思想家。

　　择善而从的另一方面是"择友而教"。

因为影响儿童发展的环境，不光是一个住所以及邻居的问题，从大的方面来讲，是一个社会的制度和风气，从具体方面来讲，父母、邻居、朋友，各方面的社会关系和交往，都会给人以潜移默化的影响。一个人如果从小就和有利于他成长的好伙伴、好朋友一起成长的话，他就会有一个美好的童年，对于他以后的成长是非常有好处的。孔子讲："与善人居，如入芝兰之室，久而不闻其香，即与之化矣。与不善人居，如入鲍鱼之肆，久而不闻其臭，亦与之化矣。"用我们现在的话来说，就是一个人如果跟好人相处，久而久之，也会因受其影响而逐渐变好；跟坏人相处，也会因受其影响而逐渐变坏。因此，要十分谨慎地选择朋友，俗话说"物以类聚，人以群分"，说的就是这个道理。

东汉时，有个辅佐刘秀创天下、功勋卓著的将军马援，在他哥哥去世后，负责抚养两个侄子，一个叫马严，一个叫马敦。由于马援军务在身，常常出征在外，顾不上家，所以这两个孩子就结交了一些轻佻、放荡、讲哥们义气的朋友，沾上了放荡不羁的毛病。他们经常议论是非，挖苦别人。为此，马援专门写了一封《诫兄子严敦书》，告诫侄儿应该和什么样的人交朋友，以什么样的人为榜样。信中说："我一生最讨厌的是轻薄之人，宁死也不愿听别人说马家的子孙品行不正。我有两个朋友，一个是龙伯高，一个是杜季良。虽然我很看重他们，但两个人的思想性格和品行却大不一样。希望你们学龙伯高而不要仿效杜季良。为什么呢？因为龙伯高为人忠厚、诚实，说话办事谦虚谨慎，生活节俭，作风正派，秉公守法。杜季平的长处是豪侠仗义，能替朋友分忧解愁，好打抱不平，但往往比较轻浮，性情放荡。你们向龙伯高学，如果学不像，至少可以约束自己，不去胡说八道，胡作非为；

如果仿效杜季良，如果学不像，就可能成为轻浮浪荡公子，就好比'画虎不成反类犬'。"

"择善而从"的另一个重要方面是必须为孩子选择好的老师。一个人在一生中遇见一个好老师是他最大的幸运，所以在孩子小的时候一定要为孩子选择好的老师，古代是很重视老师的作用的，《礼记·学记》上讲"择师不可不慎也"。唐朝的著名学者韩愈专门写了一篇《师说》，论述从师求学的道理。他针对当时士大夫看不起老师的风气，强调"古之学者必有师。师者，所以传道授业解惑也"。在这篇文章里他反复阐述了从师择师的重要性。不光是韩愈、柳宗元这一

类的文人学者重视老师的作用，就是帝王将相、豪门贵族也把为子女选择好的老师看作是保全基业，巩固统治地位的"要事良策"。汉高祖刘邦晚年时，认为太子刘盈不成器，打算废掉另立赵王如意。张良为吕后出了一个主意，让他请出当时隐居的人称"商山四皓"的四位学者为太子刘盈老师。这一招果然生效。刘邦见到以后，觉得太子有这样的老师辅导，是"羽翼已成"，便打消了废除刘盈的念头。看来，刘盈能成为汉朝第二代皇帝（汉惠帝），还真多亏了这四位名师。

蜀主刘备在临死之前，把儿子刘禅托付给诸葛亮。他对儿子说："父王我才疏学浅，功德不高，你不必效法，孔明丞相才智过人，治国有方，你要以他为师，像对待父亲一样对待他。"明太祖朱元璋年轻时没有机会上学，他当上皇帝后为此感到遗憾，因而对后代的教育特别重视，征聘四方名儒学者，轮流给他的儿子讲学上课，并挑选许多有才华的青年为儿子伴读。当时有个名叫宋濂的学者，"六岁能诗书"，精通古今、知识渊博，朱元璋便让他专门教育皇太子。他对宋濂和其他给自己儿子讲学的儒臣们说："有一块精金，得找高手匠人打造；有一块美玉，也要有个好玉匠才能成器。人家有好子弟，不求名师，岂不是爱子弟反不如爱金玉？好师傅要做出好榜样，因材施教，培养出人才来。我的儿子将来是要管

理国家大事的，你们一定要培养他高尚的品格。"当然，在封建社会里，只有帝王将相和封建官吏能为孩子招用和聘请名师，广大劳动人民的孩子是无权也无钱择师的。

总之，对孩子进行教育，为其选择一个良好的环境是非常必要的，一个优良的环境对孩子的成才起着至关重要的作用。"物以类聚，人以群分"，所以要让孩子交正确的朋友。选择好的老师也是必要的，俗话说没有学不好的学生，只有教不好的老师，一个好的老师不但能传授给学生知识，还能教会学生做人的道理。

五、扬长避短，
因势利导

　　每个孩子由于遗传因素、社会背景、家庭条件等的不同，造成了他们性格、气质的不同。世界上没有两片相同的树叶，同样，世界上也没有两个完全相同的人。所以说每个人都有自己的性格、特长、兴趣和优缺点。父母在培养自己的孩子时，应该认真观察、分析孩子的个性特点，扬起所长，避其所短，因势利导，以取得最佳教育效果。这一点，古人在家庭教育已经注意到了。曹操教育自己的几个儿子，能针对他们的不同特点、爱好分别进行教育，对爱武的侧重传授兵略武艺，对喜文的着重教他们读诗作赋。结果，他的儿子各有所长，都能有所建树。

要做到扬长避短，首先要了解子女，对他们的长处、短处要心中有数。因为家长是孩子的启蒙老师，从一出生父母就陪伴在孩子身边直到他们长大成人，所以自己的孩子有什么样的优点和缺点，家长应该很清楚。司马迁在《史记·勾践世家》中讲了一个范蠡知子长短的故事。说范蠡在齐国一个叫陶的地方隐居时，他的二儿子因犯法被囚于楚，定成死罪。范蠡准备派小儿子带千两黄金去营救。大儿子争着要去，范蠡不让，坚持让小儿子去。大儿子说："家有长子曰家督。今弟有罪，父亲不让我去，却让小弟去，是看不起我，肯定是觉得我无用吧。"说着，便要自杀。范蠡的妻子一看慌了，劝丈夫

范蠡

说："你让小儿子去，也不一定能救出老二来，却让大儿子先自杀了，还不如让他去了！"范蠡不得已，只好让大儿子去。等他一走，范蠡就说："准备好等他搬老二的尸首回来吧！"妻子不解其意，范蠡说："咱的大儿子、小儿子各有所长所短。大儿子从小跟我受过苦，知生计艰难，很珍惜家产，这是他的长处，但也因此很爱财，过分吝啬，往往办不成事；小儿子生长在富贵的环境中，不知财从何来，挥金如土，这固然是个毛病，但另一方面他却能仗义疏财。去营救二儿子，是个破费金银的差事，我让小儿子去，是因为他能弃财，而大儿子却做不到这一点，所以也肯定救不了老二啊。"后来，果然不出范蠡所料，大儿子因为舍不得花钱，没救出二弟，拉着尸体回来了。用现在的眼光看，范蠡采取用金钱来为儿子赎罪的做法显然是不对的，但从这件事可以看出他对两个儿子的长处和短处确实是了如指掌

的。

对孩子不了解，把握不住他们的长短处怎么办？可以通过实践来考察，也可以请教周围的人，听听别人的反映和评价。俗话说得好，"当局者迷，旁观者清"，父母因为疼爱孩子，往往对自己孩子的缺点熟视无睹，在他们的眼里，自己的孩子是最好的，从孩子身上看到的都是优点而没有缺点，而忽视了对孩子身上一些缺点的纠正，造成了对孩子教育的不得当。春秋末年晋国的大夫赵简子有两个儿子，大的叫伯鲁，小的叫无恤。这两个孩子到底要谁来做继承人好呢？赵简子心里没底。他想了个办法，把写有"训诫"之词的书简交给两个儿子，告诉他们说："你二人要记住。"三年过后，赵简子考问，伯鲁根本答不上来。赵简子又问："那你把我写给你的书简拿出来看看。"伯鲁说："早丢失了！"赵简子再问小儿子无恤，无恤对答如流，问写的书简在哪，他很快从袖中

抽出来递给父亲看。赵简子从这件事和其他一些小事上看出小儿子比大儿子强，便改变了"立长为嗣"的做法，决定立无恤为继承人。这也可以说是"择优而立"吧。

宋太宗赵光义在这一点上也是比较明智的。在他去世的前两年（995年），到底让哪个儿子继承王位，他拿不定主意，便征求名臣寇准的意见，问："你看我的儿子中，哪个可以立为太子啊？"寇准回答："要权衡比较一下，选择有治国安邦之才，能不负众望的皇子为太子。"太宗又问："我看三太子襄王比较理想，你看如何？"寇准说："知子莫若父。襄王是可以的。"于是，太宗便下决心将在外地的襄王赵元侃调回京城开封尹，改封为寿王，随后又正式确立为太子。太子在祭祀祖庙后的归途中，沿路群众夹道贺喜，称赞赵元侃是"少年天子"。可是听说人人都拥护太子，宋太宗又不大高兴，问寇准：

"人人都心向太子，把我置于何地啊？"寇准急忙拜贺说："这说明你选择寿王做太子选对人了，得人心，是天下百姓之福啊。"太宗一听，心中豁然开朗，便率领皇后妃子们一起为太子祝贺。

当然，单纯地了解、知道其长短处还不够，了解的目的是为了因材施教、因势利导。在这一方面，元代著名的科学家郭守敬的祖父郭荣做得非常好。郭荣是金末元初时一位颇有名望的学者，他精通五经，熟知天文、算学，擅长水利技术。当他看到自幼就跟自己生活的孙子郭守敬聪明好学，从小就喜欢自己动手制作各种器具，对自然科学有浓厚的兴趣时，就因势利导，一边教他读书习文，一边有意识地带他去观察各种自然现象，体验生活，并手把手地教他制作各种器具，给他讲解各种科学知识，希望他长大后成为一名科学家。郭守敬到十五六岁时，就显露出了一定的科学才能。他得到一副

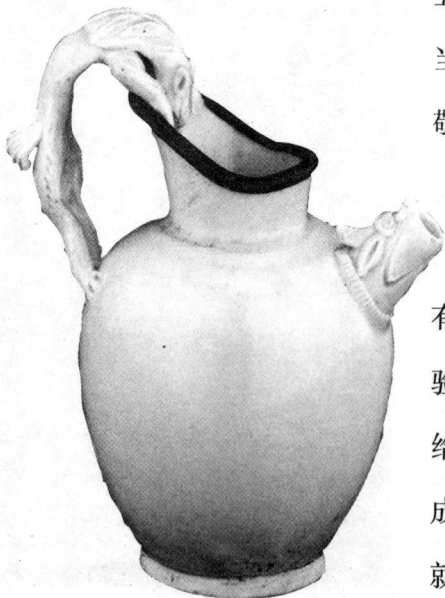

宋代人制作的"莲花漏"图，经过一番分析研究后，居然摸清了这种做计时器用的"莲花漏"的制作方法。郭荣对此感到十分高兴，为了让孙子进一步开阔眼界，得到深造，便把他送到自己的一位老朋友——精通天文学和经学的刘秉忠门下学习。郭守敬在刘秉忠的精心指导下，学问大有长进，取得了卓越的成就。

对孩子因材施教、因势利导，还有一个重要的方面就是孩子的兴趣爱好和志愿理想，不能凭父母的主观意志硬性规定，强迫孩子服从，应该让孩子自己做出选择，孩子不感兴趣的东西，父母不能强迫他们去学习，应该对他们感兴趣的方面进行培养教导，因为兴趣是孩子最好的老师。那种以自己的兴趣爱好去替代孩子本身的兴趣爱好，硬把孩子的兴趣往父母自己所好的方面去扭转的做法是错误的，效果往往是适得其反。明代伟大的医药学家李时珍的父亲在这方面就

走过弯路。李时珍的父亲叫李言闻，是一个饱学的秀才，几次科考都未得中，于是从事医学研究，成为一名颇有名望的乡间草医。在这样的家庭环境中生长的李时珍，从小就对药草产生了兴趣，七八岁时便能辨认出许多草药的名字。但是他的父亲李言闻并不想让他从医，而一心希望聪明的李时珍能科场得中、金榜题名，以此来为地位低下的李家改换门庭、光宗耀祖。他让李时珍专心读书，不让儿子看医药方面的书。可是李时珍随着年龄的增长，对腐败的官场现象和乡下百姓

无钱看病的苦难越来越有深刻的了解，
而对科举考试越来越没有兴趣，于是他
坚定了学医的决心，立志为贫苦人民解除
苦难。他向父亲表示："身如逆水船，心
比铁石坚，望父全儿志，至死不怕难。"
好在李言闻不是那种固执己见的人。他
深知儿子立志学医的决心是不可动摇的，
于是改变了主意，让儿子跟随自己行医，
向儿子传授医术和实践经验，因此儿子
的医术提高很快。后来成为中国著名的
医药学家。

从上述故事中可以看出，对于孩子因
材施教、因势利导是多么重要，每一个父
母都应该根据自己孩子的特点有针对性
地对其进行教育，才有可能把孩子培养
成国家栋梁之才。在孔子的教育方法中
就提到了"因材施教"，主张针对孩子的
特点去教育，这个观点是非常正确的。

六、对子女进行品德教育

21世纪培养孩子，多提倡德智体美劳全面发展的方针，尤其是强调加强少年的道德品质的教育。而古代的学校教育和家庭教育，基本上是以"读书做官"为指导思想的，所以大都是重才轻德，讲"学"不讲"行"的。这样教育出来的人，尽管饱学多才，知书达理，但在实际中却是另外一个样子。饱学多才的人在生活中不一定是品德高尚的人。南宋时

的奸臣秦桧，小时候也受过严格的教育，是一个词学兼茂的人，讲过"桧荷国恩，甚愧无报"之类的漂亮话。但他实际上却是个言行不一、心术不正的伪君子、两面派。他名为宋臣，却暗通金国，破坏抗战，杀害岳飞等爱国将领，干尽了坏事。

但是在古代，也有主张把德育放在第一位的人。像前面提到的郑板桥，他就认为教育儿子"读书中举进士做官，此是小事，第一要明理做个好人"。用今天的话说就是做个品德高尚的文明人。诸葛亮也提倡德才并重，"静以修身，俭以养德"。后汉的科学家张衡在《应闲》一文中说道："君子不患位之不尊，而患德之不崇；不耻禄之不伙，而耻知之不博。是故艺可学而行可立也。"这段话的意思是，君子不愁地位不高，而应先看道德是否高尚，知识是否渊博。才能是应该学习的，道德更是应该尽力以求的。《国语》上有个"叔向贺贫"的故事，也是告诫人

们要教育后代重德行而轻官位利禄。春秋时晋卿韩起，他认为自己只有卿的名誉，而没有卿的实际，也就是没有多少钱，感到寒酸，因而发愁。大夫叔向知道后，便去他家向他贺喜。韩起不明白，问这是什么意思。叔向说："你没有积财，过着清贫的生活，说明你为官不贪，德行高尚，因此可贺。"

他用了许多事实教育韩起，说："从前，晋国的上卿栾武子没有百人的田产，家里连祭祀的器具都不全，可是他能够发扬美德、执行法度、美名传遍了诸侯各

国。各诸侯都很钦佩他，因此使国家安宁。到了他儿子栾桓子这一代时，担任下军元帅，骄傲自大、奢侈无度、徇情枉法、胡作非为、囤积财物、遭到众人唾骂，本该遭惩罚，只是依赖他父亲的余德，才免了死罪。传到桓子的儿子怀子时，怀子接受了他父亲的教训，学习他祖父的德行，又受到众人的尊敬。只是因他父亲罪行的牵连，逃亡到楚国。”

"还有居功骄傲的玉昭子，他的财产抵得上晋国公室的一半，他的子弟都在军

中担任将佐，他们依仗权势和财产，过着荒淫和奢侈的生活，最后却被株连九族。他们家做官的那么多，势力那么大，财产够多的了，可是一旦失势，为什么没有一个人同情他们呢？就是因为他们德行不好的原因！现在你如同栾武子一样清贫，我认为你也应该有他那样的德行，所以表示祝贺。"

叔向的一番话，说得韩起心服口服，连忙下拜，说："我在迷路的时候，全靠你的及时引导，不但我本人铭记你的教

诲，还要教育我的子孙后代要感激你的恩德，照你说的去做。"叔向在这里讲的忧德不忧贫的道理是在告诫人们要把"德"放在第一位来教育后代。

当然，道德是有阶级性的。各个阶级都有各自的道德标准。古人教育子女"崇德"的内容和我们现在提倡的"德育"是有区别的，但也有一些内容是相同的。比方说，要学用结合，言行一致，做老实人，说老实话。现在我们这样要求子女和学生，古代一些名人志士也非常重视这个问题。南宋的著名爱国诗人陆游，既重视对孩子进行智力教育，鼓励儿子们多读书作文，又很重视对孩子的道德教育，教育子女不要为了做官、发财而读书，要用知识救国救民。他在自己的诗文里这样教导孩子："万钟一品不足论，时来出手苏元元。"他还告诫孩子们，读书人自己首先要道德高尚躬行实践。清朝有名的学者陆陇其在写给自己的大儿子定征的信中说："读书做人，不是两件事。将所读之书，句句体贴到自己身上来，便是做人的法，如此方叫得能读书；人若不将来身上理会，则读书自读书，做人自做人，只算作不读书的人。"看来这位学者是反对那种说一套，做一套，夸夸其谈，华而不实的坏毛病。他要求自己的儿子做老实人，正是重视德育的表现。

培养高尚的道德品质，不光是做个老实人，说老实话的问题，还应该体现在

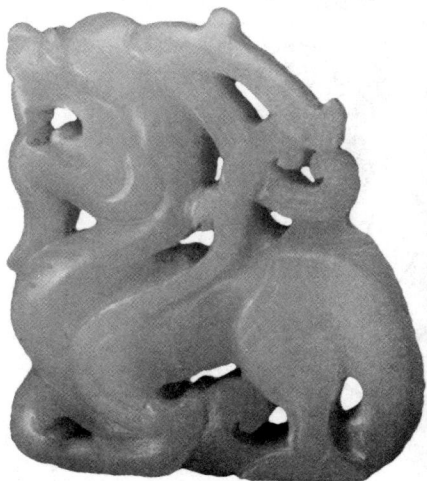

思想修养、待人处事等方面。道德品质优秀的人，在思想修养方面是很高的，待人处事方面也是诚恳的。古代一些有识之士在评论一个人的德行时，很讲究"廉洁奉公，刚正不阿"的作风，并以此教育子女。伟大的史学家司马迁在这方面就做得不错。他一生光明磊落，刚正不阿，为官清廉，从不趋炎附势，不向邪恶势力弯腰屈膝。他的这种性格和品德也熏陶了自己的后代。据史载，司马迁当太史令时负责编写《史记》，在朝中有了声望之后，不少人想奉承他，想从他身上捞点好处。就连朝中最得势的将军李广利也想和他拉关系。有一天，李广利派人给他送来一件礼物，司马迁的女儿打开一看，精致的盒子中装着一对非常珍贵的玉，她高兴地说："太好了，真是世上罕见的宝贝啊！"司马迁走过来看了看说："这么光滑纯洁，真是无价之宝啊。不过，它的可贵之处就在于没有斑痕污点，所以才受人称

赞。玉玺如此，人也应该如此啊。像我这样一个平常的官员，如果收下这份礼物，不就像玉玺沾上了污点吗？"说完，他嘱咐女儿将玉玺重新装进盒内封好，让人又送回去了。女儿虽然没有得到这珍贵的玉，却得到了比玉更珍贵的东西——父亲对她良好的教育。司马迁的这个爱女后来嫁给了官至丞相的杨敞，她时常用父亲的品德和父亲当年教育自己的故事来教育自己的孩子，她的两个儿子长大后都有所作为。

历史上类似司马迁教育女儿不收受贿赂的事例很多。如《晋书·烈女传》中记载的陶母责子一事，使人深受启发。晋朝名将陶侃年轻时，曾在洛阳担任捕鱼的县吏，有一天，他利用职务上的方便，弄了一瓦锅咸鱼托人带给了母亲，以示孝敬。陶母沈氏，是个清白的人，当她知道儿子送来的鱼来路不正时，很是生气，立即将原物返回，并写信教训儿子说："为官要清正廉洁，你拿公家的东西送我，不仅对我没好处，反而增加了我的忧虑。"

陶母对儿子从小就严格要求，处处注意言传身教。她在家境贫困的情况下，以纺线、织布供儿子读书，从不贪财忘义。有一年，会稽太守范逵路遇大雪借宿陶家。陶母生活清贫，无法招待客人，便偷偷剪下自己的头发卖

掉，买来吃的东西款待客人，还揭下自己床上铺的铺草铡碎喂客人的马匹。由于陶侃从小受到母亲高尚品德的熏染，所以也养成了廉洁奉公的好品行。以后他当了荆州刺史，加封征西大将军，仍能勤勤恳恳，谨慎行事，不沾染当时社会上那种"刮尽民脂民膏，肥了官家腰包"的污浊习气。凡是有进奉食品的，他一定要问清东西是怎么来的。假若是用非法手段得来的，他就严厉地斥责，退还所馈赠的东西。

他严格要求部下，不许贪玩喝酒误公事，不许损坏百姓的庄稼。有一次，他看见一个部下拔了老百姓还未成熟的稻子，便抽了他一顿鞭子。他平常因打仗用了百姓的东西，也叫人一一登记，赔偿损失。可见，陶侃之所以能成为德昭功高、名垂青史的名将，是同

其母严格的道德教育分不开的。

古代的道德教育，常常是以儒家的"仁、义、礼、智、信"为标准的。因此，史书上记载的有关教育子女"施仁政"讲信义的事例很多。汉宣帝时，有个河南太守名叫严延年，为官比较清正。有一次，他的母亲从老家来到洛阳看望他，还未进府，碰到严太守手下的人押解着囚犯。这位严母便到路口的亭子里住下，不肯进府去了，严延年赶忙来拜见迎接，严母责问儿子是不是又随便捕杀无辜的人。儿子说明了情况，严母教训说："当官执法要公正严明，不能滥杀无辜、要多施以仁爱教化，更不能用滥施刑法和随便杀人的手段来逞自己的威风。当民的父母官，就要有爱民的父母之心。"

严延年听了母亲的话后连连称是，并且表示以后一定按照母亲说的去做，严母这才跟他进府。

古代也有一些名人志士把劳动作为教育子女树立远大志向和培养崇高品德的重要途径。他们认为劳动既锻炼了身体又能够养家糊口，何乐而不为。一些父母告诫自己的子女应该以劳动作为立身之本，因为在劳动中，能够培养好的思想品质。古人在对子女进行道德品质的教育中，还比较注重从点滴入手，要求子女严以律己，宽以待人。

历史上还有善于利用反面教材，对孩子进行品德教育的例子。东汉时期，有个叫陈实的人，为人比较公正开明，在乡里很有威望。一天夜里，有个小偷溜进他家

里，躲在房梁上伺机盗窃，恰巧被陈实发现了。可是陈实没有声张，只是把儿子们叫起来集合到一起说："一个人生活在世上不能不自勉，不能不讲道德。干坏事的人未必本来就是坏人，只是他不学好，慢慢染上了恶习，越变越坏。你们抬头看看那个'梁上君子'，他就是这么变坏的。"

蹲在梁上的小偷听了大惊，立刻跳下来叩头请罪，表示悔改之意。陈实又给他讲了一番道理，要他改恶从善，并送给

他两匹绢。陈实抓住时机，既教育了偷窃者，也教育了孩子，一举两得，实在是一招妙棋啊！

良好的品德是衡量一个人好与坏的重要标准，一个具有良好品质的人是值得人尊敬的，而品行差的人却遭人敬而远之。父母只有从点滴入手，从一些小事中教育孩子，才能够达到预想的效果，才能把孩子培养成品德高尚的人。

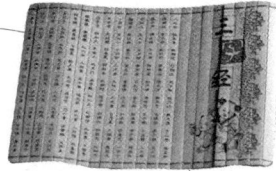

七、对子女进行俭朴教育

　　艰苦朴素是中国的优良传统，从古代一直流传到今天，从古代开始，父母就教育孩子生活要俭朴教育，教育子女以俭朴为家风，应该从衣着食用等生活细节入手，培养孩子艰苦朴素、勤俭节约的作风，这也是我国古代家庭教育的优良传统。古代有许多教育子女要俭朴的故事。

　　《国语·鲁语》上有这么一个故事：

春秋时鲁国的宰相季文子，是一位比较贤明的大夫。他虽然身居高位，却不贪图享乐，他自己和家里的人总是保持着"粗茶淡饭"这样的生活标准。妻子儿女没有一个人穿绸缎衣裳，家里养了匹马，也只是喂青草不喂粟米。孟献子的儿子仲孙对季文子这种做法很不理解，用轻蔑的口气说："你身为堂堂宰相，家人如此寒酸，马匹枯瘦，难道你就不怕百官耻笑吗？当你与诸侯交往时，就不怕影响鲁国的声誉吗？"季文子答道："我当然也愿意穿绸衣，骑良马，可是，当国内还有许许多多的老百姓穿破衣、吃粗食的时候，我怎么忍心让我的妻子儿女过分地讲究衣食呢！至于说到声誉，我只听说过人们

具有高尚的品德才是国家的最大荣誉，没有听说过炫耀自己的美妾良马会给国家争光的。"

孟献子听到这件事后，很赞赏季文子这种以俭为荣的好品行，同时又恼恨自己的儿子仲孙狂妄无礼，便将他幽禁了七天，教训他应该以季文子为榜样，改掉奢侈的坏毛病。仲孙在季文子的启发和父亲的管教下，明白了简朴才是真正的美，也开始注意节俭了，并让自己的妻子也穿起粗布衣服，给马匹吃普通的草料。这个消息很快传遍了全国，不少人都照着学，

在鲁国朝野形成了以简朴为美的风气。

以俭朴为荣的对立面是以奢侈为荣。是俭朴还是奢侈，往往直接关系到国家的成败兴衰和个人的前途事业。"历览前贤国与家，成由勤俭破由奢。"因为生活上的奢侈，总是和思想上的堕落、政治上的腐败紧密联系在一起的。

据《韩非子·喻老》记载，历史上以荒淫暴虐出名的商纣王的堕落，就是从一双象牙筷子开始的。当纣王有了象牙筷子时，他手下一个比较有政治头脑的大臣箕子感到恐惧不安，认为这是变坏的征兆。箕子推测，有了象牙筷子，必然要配以犀玉做的碗杯；用"象箸玉杯"肯定不会吃一般的粗茶淡饭，必然要吃熊掌、豹胎一类的山珍海味；吃山珍海味，必然要穿讲究的多层锦衣，居广室高台。这样发展下去，后果可怕。事情果然如箕子所料，几年之后，纣王穷奢极欲，"以酒为池，悬肉为林"，很快导致了亡国。乍看起来，箕子的话未免有点小题大做，但细想起来，却不无道理。"富贵足以愚人，而贫贱足以立志。"纵观历史，凡是有所作为或是在某一方面有所成就的人，大都经过艰苦生活的磨炼。有的自幼丧父或失母，孤苦伶仃；有的生活贫困，衣食不周；有的出身寒门，备尝艰辛。由此看来，让孩子从小过过"粗茶淡饭"的生活，有利于培养他们良好的道德品质。而让孩子从小过锦衣美食的生活，吃不得一点苦，受不得半点罪，对于他们的成长是没有好处的。"自古雄才多磨难，从来纨绔少伟男。"

三国时的蜀帝刘备，少时贫寒，和母亲以贩鞋为业，亲身体验过人间苦难，所以有远大抱负，立志要干一番事业。他的儿子刘禅，由于从小生长在深宫，优越的环境使他养成了享乐的

习惯。尽管刘备临终前嘱托诸葛亮严加教育，但刘禅还是经不住考验。魏军一到便屈膝投降，被押到洛阳后，司马昭封他为安乐公，竟闹出了"乐不思蜀"的笑话。在一次宴会上，司马昭故意让人演奏蜀国的乐曲，表演蜀地的歌舞，随刘禅一起去的文武官员听了后都难过得流泪，痛感亡国之耻，而作为蜀国后主的刘禅，却嬉笑自若。后来司马昭问刘禅："你想不想你的故国蜀地啊？"他说："在这里照样能快乐，我才不想哩。"司马昭嘲讽道："像这样只知享乐的人，即使孔明活着，也不能帮他长久守住江山，何况是姜维呢？"

那么怎样才能使子女养成克勤克

俭，以艰苦朴素为荣的作风呢?

古代一些有志之士很注意运用疏导的方法，从思想教育上入手，反复耐心地给孩子讲清"成由勤俭破由奢"的道理，启发孩子的觉悟。在这方面，宋朝的司马光就做得比较好。当时，在统治阶级中流行着奢侈腐败的习气，京都城市，酒铺林立，喝酒成风，朝中大小官员，互相比吃比穿戴，"以奢靡为荣"。司马光在宋朝封建士大夫中，算是比较严肃简朴的一个。司马光对于生活在"以奢靡为荣"的社会环境中的儿子很担心，生怕他会沾染这种坏习气，为此，专门写了一篇"家训"

给儿子司马康，教育他以俭朴为美。在这篇"家训"中，司马光先从自己的身世讲起："我的家本来是贫寒的，世世代代以清白为家风。我生来不喜欢豪华奢侈。小时候，大人给一件装饰有金银的华丽服装，我穿上就觉得脸发烧。平时，穿的能够御寒，吃饭能够饱腹就行了，从不讲究。现在，许多人都以奢侈为荣，我却以俭朴为美。尽管有人笑话说这是顽固，我却不认为这是缺点。"接着他引用孔夫子的话，说明以俭朴为美的道理，批评了社会上一些人铺张浪费、夸富比阔的现象。然后，他又用本朝以俭朴著称的宰相张知白和另一奢侈宰相这正反两方面的典型，以及历史上"以俭立名，以侈自败"的许多事例，进一步阐述了俭与侈对人品德、事业上的影响。他引用古人的观点，论述说"俭则寡欲"，节俭就能无所贪求，严格约束自己，淡泊明志，立身报国，避免犯罪；"侈则多欲"，追求享受，就会贪得无厌，腐化堕落，招致祸患，身败名裂。只有克制贪婪欲望的人，才能"直道而行"，心地光明，襟怀坦荡。他还针砭时弊，特别讲明了"由俭入奢易，由奢返俭难"的道理，认为居高位者更不应该让家人子孙养成奢侈的坏习惯。否则，当你"去位"或"身亡"之后，子孙后代就很难站住脚了。就是用今天的眼光来衡量，司马光所阐述的"以俭朴为美"的观点，仍然是正确的。

除讲道理外，古人还很注意教诲子女认识创业之不易。

曹操为了不使儿子过多地追求物质生活上的享受，处处以身作则，注意节俭，日常穿的多是打了补丁的衣服；夫人卞氏在曹操当了魏王之后，仍然身穿布衣，在油灯下纺纱织布，为孩子做好榜样。南朝开国皇帝刘裕，出身寒门，小时以耕地为业，兼做樵夫、渔夫，深知创业之难。当

了皇帝之后，力主节俭。《宋书·本纪》中说他为了教育子孙后代不要贪图奢侈，特意保留了自己当年所居的阴室。把当农民时住过的小土屋和用过的农具照原样保留下来，以教育后代不要忘本。可悲的是，他的儿孙们却"见之，有惭色"。这些农具和小土屋，不但不能使他们受到教育，激励他们发愤图强，反而使他们为老子的出身寒微感到丢人。结果刘宋王朝只存在了五十多年，就被人推翻了。

把艰苦朴素作为"家风"而世代相传的典范，恐怕要算宋代的著名政治家、文学家范仲淹了。

范仲淹生活在民族矛盾和阶级矛盾异常尖锐的北宋中叶，满怀忧国忧民之心，为官正直清廉，崇尚节俭，以"先天下之忧而忧，后天下之乐而乐"作为自己的人生信条。他虽位居参知政事，却在生活上从不奢华。家里除了招待宾客亲朋，一般都不吃肉，常常用咸菜下饭。他要求儿

女们在家时，穿同平民百姓一样的衣服，只有外出拜亲访友时才可换上较好的服装。他的二儿子范纯仁结婚时，新媳妇提出用美丽而贵重的绮罗做一床蚊帐，范仲淹听后生气地说："我家素来以节俭为德，不能乱我家法，若敢带那样的蚊帐来，我就把它烧了！"他的儿子范纯仁、范纯礼，虽然先后在哲宗、徽宗时官至丞相，但都一直保持着艰苦朴素的家风。

据《宋人轶事汇编》记载，范纯仁的儿子范正平，到二十多里外的觉林寺听课时，穿着和农家孩子一样的衣服和破旧鞋子，大热天用破扇子当伞遮太阳，来回步行，别人都不知他是丞相家的公子。

当时人们评论说："范氏自文公（范仲淹死后谥号为文正公），贵以清苦俭约著于世，子孙皆守其家法。"可见，范仲淹对子孙的一片苦心没有白费，他的后代能立志成才，有所作为，很重要的一条是因为传承了艰苦朴素的好传统。

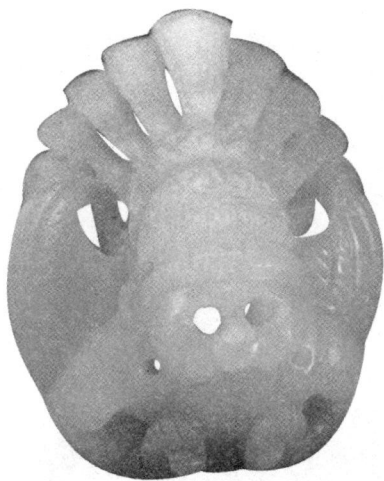

八、教育子女不能倚仗权势

　　在奴隶社会和封建社会，"父贵子荣，子以父贵"，依靠家长吃饭这种现象是社会的一大弊病。那时叫做"荫"，大概是取大树下面好乘凉的意思。不仅帝王可以传位于子孙，就是文武臣将，到了一定的品级，子孙都享有承袭先辈官爵或谋求官职的特权。品级越高，谋求官职的后代的人数也就越多。在封建社会，不要说统治阶级中的那些权臣和贪官污吏，就是一些所谓的"贤臣良将"，也把为子女谋取特权当成天经地义的事。比如被称为良将的宋朝枢密使曹彬，临死时宋真宗去问他治国安邦的大计，曹彬念念不忘的是给儿子谋求个官位，向皇帝推荐说："我的儿子曹璨、曹玮都很能干，可以胜任将军的职务。而曹玮比曹璨更好一些。我死以后，恳请皇上重用他们。"

这种"父贵子荫"的封建特权制度，使统治阶级的后代大都成为"位尊而无功，俸厚而无劳"的寄生虫、败家子。因为享有特权的贵族官僚子弟，知道有靠山，不愁衣食不愁官，根本就不把学业放在心上，怎么能成器呢？这种"父贵子荫"在历史上并不是个别现象。

在这种贵贱有别的封建社会里，有没有不利用职权谋私利，不让子女靠父辈吃饭的人呢？虽不多见，但也有这样的人。唐太宗时期的宰相魏征就是一个。据

历史记载，魏征"少孤、落魄"，曾出家为道士，后参加过瓦岗军起义。他从小没有有权势的老子可以倚仗，到后来能官至宰相，全靠自己的刻苦努力，以博才多识、直言进谏而得到李世民的赏识。大概与自己的切身经历有关，他对"子以父贵"那一套不感兴趣。有一次，他奉命负责修改拟定"五礼"，因此有功，可以给他的一个儿子封爵位，这是许多士大夫求之不得的。可是魏征却推辞不要，后来圣命难违，他便提出让皇帝把这个爵位封给他哥哥的儿子了。其实，封与不封都一样，只不过是挂了个空名而已，因为他的这个侄子已经死了。

要说真正对子女能从严要求，做到不利用职权为子女谋私利，主张让儿子走自力更生的道路的人，还是当推伟大的爱国英雄岳飞。岳飞有五子一女，按照宋朝当时规定的制度和岳飞的官位、功劳，岳飞是完全可以为子女们"补官"的。可

岳飞从来不提这样的要求。一次，岳飞把朝廷按照制度的规定赐给自己儿子的官职，让给了遭奸臣陷害、死于岭南的爱国将士张所的儿子张宗本去顶。他的儿子岳云12岁时，岳飞就把他送到部下张宪的军中当一名普通的士兵，并要求张宪严加管教，使岳云同其他士兵一样同甘共苦，不能因他是元帅的儿子而给予特殊照顾。有一次，因岳云矮小，披挂上很笨重的铠甲，骑马练习下坡，因马被绊倒而摔了下来。岳飞认为这是因为平时没有严格训练的缘故，严厉喝道："大敌临前，你却这样！"命令推出去斩首。后经部将再三说情，才免了死罪，打了一百军棍以示惩罚。由于岳飞的严格管教，岳云的武艺提高很快，成了一名骁将。有一次，岳云在战场上冲锋陷阵，立下了汗马功劳，经另一个领兵的大将张浚向皇上推荐，皇上下了一个谕旨，将岳云破格提拔，连升三级，授予武略大夫的官职。对此，岳飞深

感不安，连上了两道奏折恳辞。他说："前
几次战斗中，士卒冒着危险，不顾生死的
拼杀，我上报后才晋升一级，而我的儿子
本应该从严要求，怎么能连升三级呢？"
在岳飞的一再恳求下，朝廷同意了他的要
求。事实证明，岳飞这种让孩子"自力更
生"的做法是正确的，也是英明的。他的
儿子岳云成了名垂青史的青年爱国将领；
其他几个子女在岳飞遇害之后，身处艰
难逆境而不失志，奋发有为。在孙子辈中
也出了岳珂这样著名的学者。

封建的世袭特权思想，最容易使
一些官宦家子弟滋长优越感，他们既无
真才实学，又不知天高地厚，自恃高贵，
盛气凌人。对于这一点，唐朝一个叫做柳
玭的官员发表过很好的见解。柳
玭出生于世代高官贵族之家，曾担
任御史大夫等职务。他依据自己的
切身经验，深感富贵人家最大的
缺点就是自认为高人一等。为此，

他专门写了一篇《戒子弟书》，劝告儿子们不要因为有个当官的老子骄傲自大。这样一来，即使有点真才实学，别人也不太相信，有了毛病和过错，众人看得很清楚，所以千万不能有恃无恐，目中无人。他总结了一些官宦人家子弟最容易犯的毛病，如贪图安逸，妄自菲薄；不读书，没有多少真才实学，却喜欢夸夸其谈；爱讨好有权势的人，喜欢那些巴结自己的人。指出要改掉这些毛病，就要加强学习和修养，在德行方面严格要求自己，这样才不至于身败名裂。

在古代，也有一些比较明智的封建士大夫，为了不使子女心生优越感，还注意教育子女破除特权等级观念，尊重劳动人民，以平等的态度对待所谓的"下等人"。像前面提到的郑板桥所写的家书中，就有教育子女平等待人的话。话是这样说的："家人儿女，总是天地间一般人，当一般爱惜，不可使吾儿凌虐他。"

晋朝的陶渊明，也很注意这个问题。当他被任命为江西彭泽县令，走马上任时，只身一人，不带家眷。临行时，对儿子说："我不在家，你们要勤快一些，不要懒惰奢侈，光让佣人干活，自己图清闲。佣人也是父母所养，只不过是为生活贫困所迫，到咱家当佣仆，你们对他们要尊重，不可随便虐待。"

在等级森严的封建社会里，像陶渊明这样教育子女破除"唯上智与下愚不移"的传统观念，可以说是少有的。在古代父母尚且教育子女不倚仗权势，更何况是在21世纪的今天，我们更应教育子女不依靠自己家庭显赫的背景，应该自力更生，这样才能使优良的传统代代相传。

九、父母不应隐瞒子女的错误与缺点

在我国封建社会里，儿女对于父母的缺点过失是不能讲的。父母说的话、做的事，当儿女的只能服从，不能驳回，不能批评，明知是错的，也要为其隐瞒，叫做"子为父隐"。否则，就是不孝。同样，父母对于儿女的缺点和过失，也包庇袒护，叫做"父为子隐"，就连孔子也支持这样的主张，他说："父为子隐，子为父隐，直在其中矣。"照他的看法，父子相

互祖护错误，包庇过失，不但没错，而且是高尚的道德，应该提倡。可事实上这种说法是错误的。因为祖护包庇的结果是使小错发展成大错，到头来只会坑害了子女或父母。不管是谁犯了错误，旁边的人都要及时地纠正过来，尤其是父母对于子女所犯的错误更应该及时纠正，等到小错铸成大错时再纠正就晚了，因为子女尚处于成长过程中，身心都不很成熟，是需要父母给予帮助纠正错误的，"旁观者清，当局者迷"，当子女犯了错误时，自

己本身也许并不知道错在哪里，更无从去改正，所以需要父母给予正确的引导，去修正他们的缺点，才能使孩子走上正确之路。

汉武帝时曾任丞相的公孙贺就吃了这样的亏。公孙贺本来是有本事的人，"熟悉文法吏治"，深受皇帝器重。可对待犯罪的儿子，却采取了"父为子隐"的做法。他的儿子公孙敬声小时候行为放荡、贪财爱宝，见了好吃好玩的东西就想独占。公孙贺明明看到儿子有这个毛病，

却不加以责备教训，而是一味放纵。公孙敬声长大当了官后，经常公私不分，把公物占为己有，公孙贺也是加以庇护，从不追究。后来当上太仆的公孙敬声胆子越来越大，发展到贪污军费，在这种情况下，作为父亲的公孙贺总应该引以为戒了吧，可他却千方百计为儿子开脱罪责。因案情重大，证据确凿，找不到借口，他就想找个立功的机会给儿子赎罪。恰好这时，皇帝命人搜捕阳凌大侠朱安世，公孙贺便自告奋勇去完成这个任务。不料朱安世被捕入狱后，给汉武帝上书，揭发出公孙敬声不仅有贪污问题，而且还与阳石公主私通，在背后诽谤朝廷等问题，并说公孙贺知情不报，纵容儿子作恶多端。这下子，汉武帝大怒，将公孙贺一并革职下狱，诛杀了他全家。

知子莫若父母。一般说来，孩子的性格、习惯、优点和缺点，当父母的是最清楚的。尤其是缺点，在别人面前不肯暴露的，在父母面前是很容易暴露的。对于孩子的缺点，不能仅仅满足于知道，还应该采取不隐瞒、不护短的正确态度。《史记》上有一个"赵母进谏"的故事，就很能给人启发。战国时期，赵国有个很能打仗

的将军，名叫赵奢。赵奢的儿子赵括，自幼跟父亲读了不少兵书，谈起用兵的道理滔滔不绝，即使赵奢也难不倒他，因此自以为是，常常在人面前炫耀自己。但赵奢深知儿子没有带过兵，缺乏实际的锻炼，临死前就对妻子说："别看咱儿子能讲一套兵书，可当不了大将军。打仗是件严肃的事情，也是一门高深的学问，哪有像他说得那么容易。如果让赵括当大将领兵的话，搞垮赵国军队的一定是他。"

在赵奢死后不久，秦国出兵攻赵，两国军队在长平摆开大战的阵势。赵孝成王任命赵括为上将，取代了廉颇，指

挥四十万大军去抵抗秦军。赵母知道这件事后，问儿子："你为什么不推辞王命呢？"赵括自鸣得意地说："朝中再也没有比我强的人了，我不为将谁为将？"赵母记着生前丈夫叮咛的话，也知道自己儿子的毛病，便急忙向赵孝成王上书进谏说："不要任命我的儿子为大将军。"赵孝成王问她："为什么？"赵母回答说："一是他没有实际作战的本领，二是他骄傲自大。他父亲当年为将时，大王赏赐给他的东西从来不私留，全部分给士兵。领兵出征之日，成天住在军营，从不问家事。现在我的儿子赵括刚一当上将军，就趾高气扬，手下的士兵不敢仰视其面。大王赏赐给他的金银绸缎，全拿回藏在家中，还四处钻营，购置便宜的田地房产。赵括和他的父亲完全是两个样子，不是个领兵为将的材料，大王还是另

选良将吧。"

可是赵王固执己见，还是坚持让赵括为将。结果这个只会生搬硬套兵书的赵括，一上前线，就改变了廉颇筑营坚守的战略，盲目指挥士兵出击，结果中了秦军的埋伏，全军覆灭，他本人也被乱箭射死。对这件事情，后人在嘲讽赵括只会"纸上谈兵"的同时，也赞扬了赵括的父母知其子短、不为子隐的明智态度。

三国时诸葛亮的哥哥诸葛瑾，也是个不隐瞒不庇护自己孩子缺点的人。他

的儿子诸葛恪，从小好学，聪明能干，在当时很有名气，但是有一个致命的缺点，就是爱听赞扬话，好大喜功，听不进去意见。

尽管诸葛瑾经常给他指出这个毛病，可他总改不了，在父亲面前，有时收敛一点，过后又旧病复发。后来经大臣孙竣的推荐，孙权招用诸葛恪为太子太傅。临行前，知道他为人的大司马吕岱告诫说："世方多难，你进宫后，要谦虚谨慎，每遇事必十思而后行！"诸葛恪听了此话觉

得怪不入耳，很不高兴地说："古时候的季文子主张三思而后行，孔夫子讲再思就可以了，你今日却让我十思，分明是看不起我！"吕岱一看他这么骄傲，也不好再劝了。他父亲诸葛瑾更是为这个刚愎自用、听不进批评意见的儿子感到担忧，常对家里人和亲戚朋友们说："我的儿子太骄傲了，非保家之子。"到后来，当了太子太傅兼大将军的诸葛恪果然因骄傲自负、专国政，得罪了不少文武大臣，结怨甚多，被皇族孙峻所杀。

在古代，尽管有像赵奢夫妇和诸葛瑾这样能知子之短，不为子隐的严父、慈母，可往往无力挽救他们那些走上错误道路的子弟。而像赵括、诸葛恪那样的一些骄子，连他们的父母都信不过他们，往往却得到最高统治者的重用，这不能不说是当时社会的弊病。对此，连一些封建士大夫也心怀不满。对子女的过错和缺点不姑息迁就，不听一面之词，这也算

是一种"不为子隐"的具体表现。而在那
种"父贵子荣""子仗父势"的社会环境
中,能做到这一点的确是值得称赞的。唐
代名臣、洛阳王郭子仪在河中时,规定了
一条军纪,禁止马匹踩踏农民的田地,违
反者处以死刑。可是偏偏有一天,郭子仪
的爱妻南阳夫人最宠信的一个奶妈的儿
子却违反了这条军纪,被郭子仪手下的
一名军官发现后,按律处决了。这下子,南
阳夫人生气了,从小吃这个乳母奶
的几个儿子发怒了,都跪在郭子
仪面前哭着告状,说这个军官
太不像话了,连他们乳母的面子
都不顾,根本不把他们郭家的人
放在眼里,还添油加醋地说了一些
这个军官的坏话,主张惩办。郭子仪
一听,把儿子们大骂了一顿,训诫道:
"你们不奖赏这个秉公执法的军官,
反倒来告他的状,只知袒护自己家里的
人,就不知道敬重将士,维护军纪,保

护百姓庄田？真是些没有出息的人！"儿子们一看父亲不偏向自己，也就不敢加罪于那个军官了。为了以此为戒，进一步教育家人和部下，到了第二天，郭子仪还有意把这件事情公之于众，表扬那个军官做得对，并当众宣布了自己儿子徇私的错误，部属都很受感动。

为人父母，一方面对自己儿女的缺点、错误要正视，不要袒护；另一方面，对他们也不应苛求，能允许其有一个认

识错误和改正错误的过程。人人都会犯错误，俗话说得好"金无足赤，人无完人"，犯错误并不可怕，重要的是能认识到自己犯了什么错误并能及时地改正它，这样才能使子女进步，更加成熟与完善，才能成为有用之才。

父不为子隐，不掩饰子女的缺点过错，一般来说还是比较容易做到的。而当子女触犯了法律，甚至要杀掉脑袋时，做父母的应采取什么态度，这的确是个事

关重大的问题。

在奴隶社会和封建社会里，秉公执法的最大困难来自于统治阶级内部。表面上说"王子犯法，与庶民同罪"，但实际上是"刑不上大夫"。在那时，平民百姓的子女犯了法，纵然父母想庇护也没有机会，因为国家机器全部掌握在奴隶主阶级和封建地主阶级手里，对处于统治阶级地位的豪门贵族子女来说，法律往往是不起作用的。这里举个例子来说明：唐景龙年间（707—710年），中宗李显的几个女儿，常常纵容自己的家丁奴仆抢劫老百姓的钱财，触犯了法律。当时的左右御

史袁从之是个比较公正廉洁的检察官，
便依法将这些恶奴拘捕入狱，准备判刑。
这下子，皇帝的女儿们火了，认为这样做
有伤皇家子女的"尊严"，便到父亲面前
说情。糊涂的中宗皇帝为了女儿的颜面，
早把国法置于脑后，尽管袁从之苦苦劝
谏，他也听不进去，硬是下令把女儿家的
奴仆放了。在那种社会环境中，不要说封
建地主阶级的最高统治者皇帝了，就是
地方上一些官宦子弟犯了法，也是"官官
相护""为亲者隐"，该问罪的不问，该严
惩的轻判。封建的法
典制度上，

就有专为官宦人家实行庇护的诸如"官当""八议"之类的明文规定。

当然，凡事都不是绝对的，万事都有它的两面性。在封建阶级统治内部，也有一些有头脑、有远见的官吏，出于维护封建阶级的统治地位和缓解阶级矛盾的需要，在对待亲属子女问题上，能够"忍所私以行大义"，坚持按法律办事。《吕氏春秋》中记载着这样一个故事：春秋时期，有个叫腹䵍的大臣，他的儿子在外面杀了人。当时朝中有两种意见，平时跟腹䵍不和的人幸灾乐祸，说："哼! 他只有这

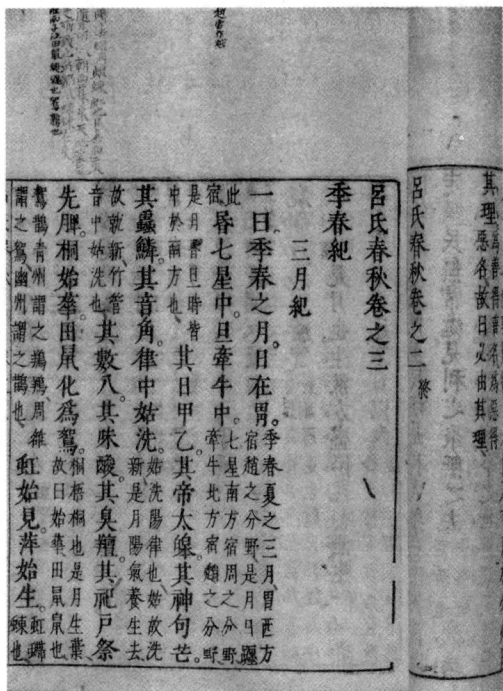

么一个宝贝儿子，这次看他怎么办！"另外一些大臣则替他担忧，在秦惠王面前为他求情。秦惠王平时很器重腹䵍，又见他年老，只有一个儿子，心想要是斩了这个儿子，腹䵍一定会伤心得不得了，于是当着许多大臣的面对腹䵍说："你年纪大了，又没有别的儿子继后，我已经下了命令，免你儿子的死罪，你就放心吧。"腹䵍听到这话以后，差点掉了泪，觉得秦惠王不了解他的心，便回答说："大王啊，国家定的法律，人人应当遵守。杀人的要偿命，才能警示别人不能随便杀人。大王为了照顾我而免了我儿子的罪，以后对别的杀人犯应该怎么办啊？我感谢你的好意，可不能为私情而不顾法律，还是请大王赶快下令把我的儿子处死吧。"旁边的大臣都觉得这个年老的腹吞太固执了，就说："难道你不爱儿子吗？"腹吞说："怎

能不爱呢。可是被我儿子杀死的那个人也是别人的儿子啊！我要是不依照法律办事，怎能对得起别人的父母呢？"秦惠王见他说得有理，就下令把他的儿子杀了。

王子犯了法，有没有实行"与庶民同罪"的呢？尽管这种现象很少，但是也的确有。汉武帝刘彻就非常注意从自身做起，维护国法的严肃性。据史载，汉武帝的妹妹隆虑公主年岁很大时才生了个宝贝儿子，称昭平君。昭平君小时受娇宠，长大后横行霸道，狐假虎威，干尽了坏事。隆虑公主病危时，担心儿子将来会犯死罪，便想出一个以钱赎罪的方法，对自

己的哥哥汉武帝说："陛下，我欲以黄金千斤，钱一千万为昭平君赎死罪。以后他若犯了法，请你开恩，不要问罪。"隆虑公主病故后，昭平君更是无所顾忌，胡作非为，在一次喝酒时行凶杀人，被收押在内宫监狱。因为是皇上的外甥，主管官员不敢做主，奏请汉武帝处理。汉武帝想到妹妹临死前的嘱托，心里觉得不忍。那些喜好阿谀奉承的大臣也纷纷劝说汉武帝免了他的死罪。汉武帝经过激烈的思想斗争之后，终于下定决心判了昭平君的死罪。他说："法律是朝廷制定的，如果我徇私情,那我怎么号令天下万民?还有什么颜面进高祖庙!"

"可怜天下父母心",天下的父母没有不爱自己的孩子的,古往今来,每一个父母都寄希望于自己的孩子。"望子成龙"这个成语,就能够形象地概括天下的"父母心"。

"龙",历来是炎黄子孙所崇拜的图腾,一直被人看做是高贵的象征,所以,

历代的封建帝王都自称是"真龙天子"。在以等级制度为重要特征的古代奴隶社会和封建社会里，人们望子成龙，就是希望孩子能走上"仕途"，能够金榜题名，成为达官贵人，以此来光宗耀祖。望子成龙，人之常情。但"望子成龙"不如"教子成龙"。从小就在家庭中对孩子进行良好的教育，不但有利于孩子成功，而且家长也能跟着进步，在教子问题上，有人相信那种"龙生龙，凤生凤，老鼠的儿子会打

洞"的宿命论，认为只要生活在好的家庭环境里，不教也能成"龙"，认为"将门出虎子"。其实。能不能出"虎子"，能不能成"龙"，关键不在于是不是"将门"，而在于教育。光有"望子成龙"之心而失教不行，依靠优越的家庭条件任其自然发展也不行，正确的态度应当是"望"中有"教"，"望""教"结合。希望与教育结合起来，在对孩子充满希望的基础上教育孩子，才能达到预期的教育效果。

　　在古代的家庭教育中,有一些落后的思想存在,但是它对于学校教育的发展起着重要的借鉴作用,推动了学校教育建设的进程,甚至对于处于21世纪的我们都有很大的启发作用。中国古代家庭教育在历史这个大舞台上扮演着一个重要的角色,在历史上具有不可取代的地位。